品成

阅读经典 品味成长

嘘!
别被老板知道

职场人反内耗指南

圈圈 著

人民邮电出版社

北京

图书在版编目（CIP）数据

嘘！别被老板知道：职场人反内耗指南 / 圈圈著 .
北京 ： 人民邮电出版社，2025. -- ISBN 978-7-115
-67516-3

Ⅰ . B842.6-49

中国国家版本馆 CIP 数据核字第 2025W4U591 号

◆ 著 圈 圈
责任编辑 马晓娜
责任印制 马振武

◆ **人民邮电出版社出版发行** 北京市丰台区成寿寺路 11 号
邮编 100164 电子邮件 315@ptpress.com.cn
网址 https://www.ptpress.com.cn

北京捷迅佳彩印刷有限公司印刷

◆ 开本：787×1092 1/32
印张：5.75 2025 年 8 月第 1 版
字数：50 千字 2025 年 8 月北京第 1 次印刷

定价：52.80 元

读者服务热线：（010）81055671 印装质量热线：（010）81055316
反盗版热线：（010）81055315

祝您,
阅读愉快,打工不苦!

谨以此书
献给所有
在KPI和CPU之间
艰难求生的勇士

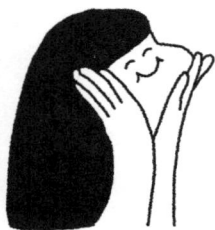

目录

1.只有我上班这么快乐吗?

个别老板善用 PUA，
反 PUA 战术，让你打工更灿烂。

1

一句话回怼
"画大饼" 话术

《福如东海》

注：应用于被教育"吃亏是福"等场景。

《兼职卖饼》

注：应用于被嫌弃准时下班等场景。

《独当一面》

注：应用于被教育难当重任等场景。

《先吃为敬》

注：对于老板的承诺式画饼，积极回应，当面先吃为敬才是最大的礼仪！

2
那些离谱的要求

《懂我意思吧？》

注：应用于对方需求广，不好好说话等无效沟通场景。

《我？》

注：虽然有时候要自信，不要怀疑自己的能力，但有时候确实也应该质疑老板。

有个紧急任务哦，但你周末就别加班了，
周一上午给我就好～

周五傍晚

我周一上午
请个假！

《老板的关怀》

注：有些体谅是真诚的，有些体谅值得怀疑。

3

打工人的回复技巧

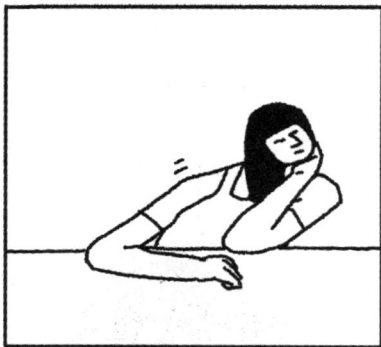

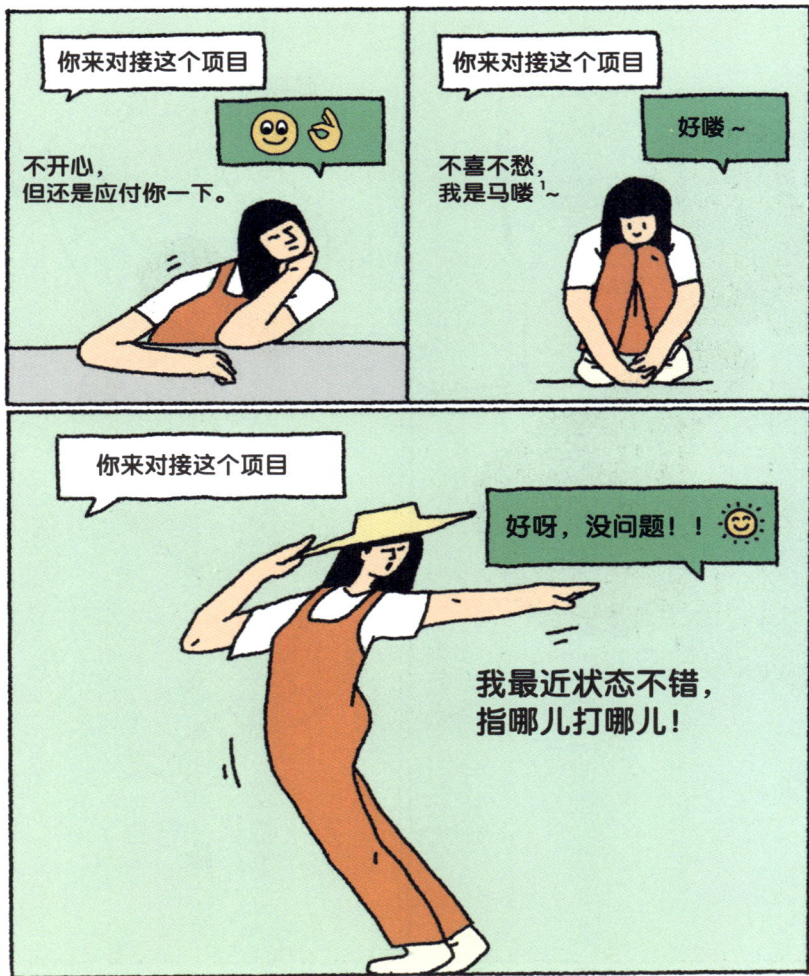

《状态回复指南》

注：根据不同的状态选用不同的回复方式，是打工人的小倔强。

1 马喽：打工人自称，以幽默自嘲的方式表达忙碌奔波、地位略低的工作状态。

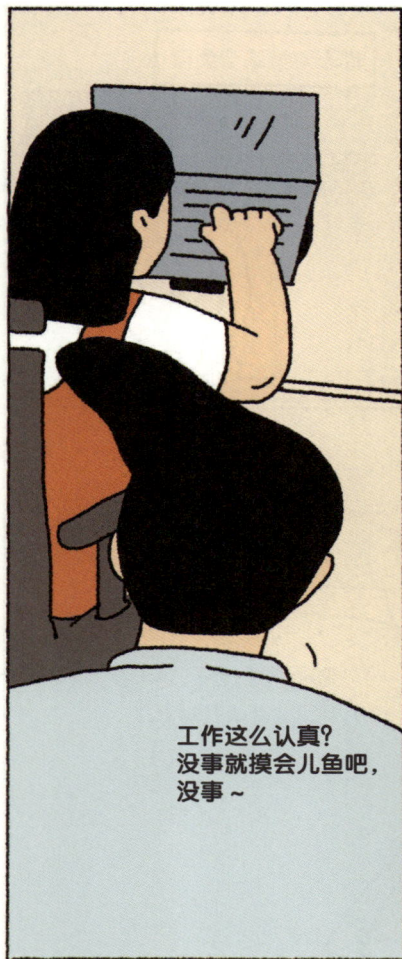

《我是一只鱼》

注：对于他人的阴阳怪气，可以诙谐地回应。

《1+1=1》

注：无意义的竞争，得到的效果并不是 1+1 大于 2。

《工作上心》

注：工作中难免会有被批评的时候，记得转换话题，幽默应对。

4

会议二三事

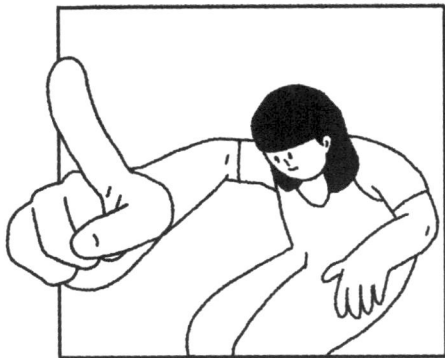

《好的，收到》

注：每个人都有自己的记录习惯，适合自己的就是最好的。

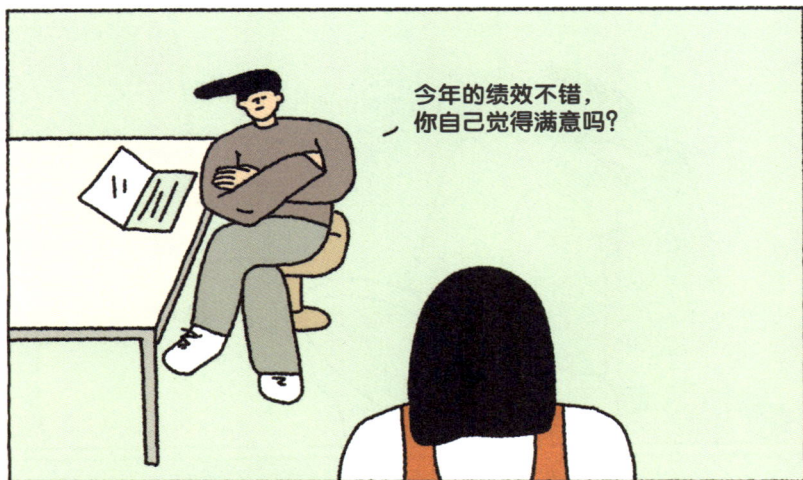

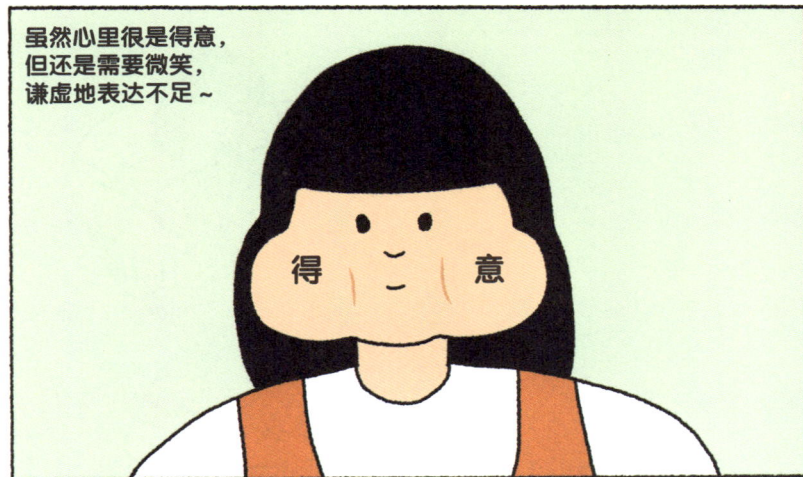

《有限谦虚》

注：嘴上可以谦虚，但神情必须得意。

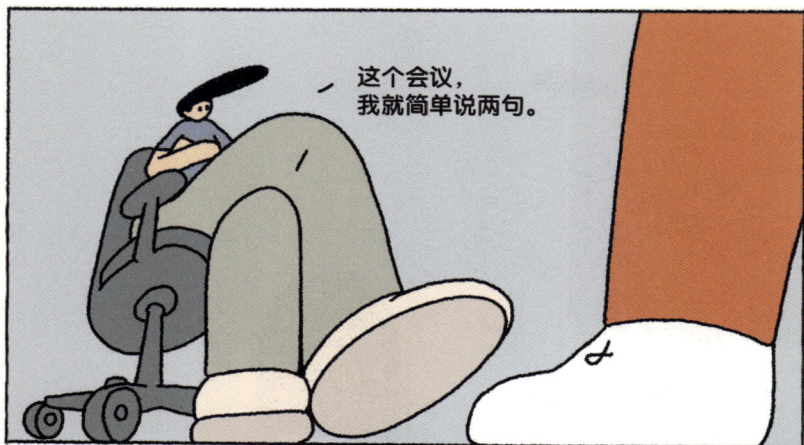

《简单说说》

注：总有人喜欢简单说两句，那就遂了他的心愿吧！

5

"Yes Sir!"

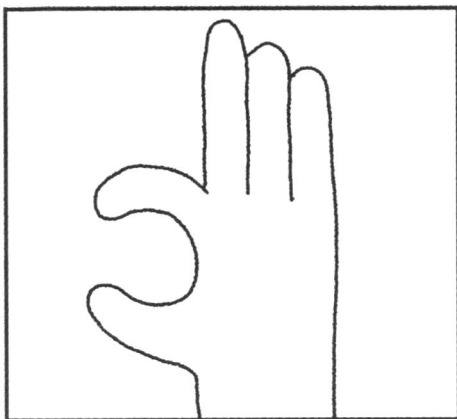

《Yes Sir》

注：即使是在线回复消息，也要摆出诚恳的立正姿态。

1 Yes Sir：用于表达肯定遵从、尊重等态度，此处体现对领导的尊重和对工作认真的态度。

《车轱辘话》

注：应对车轱辘话时，可采用出其不意的方式。

双倍 OK！

回复手势
也要学会上双保险

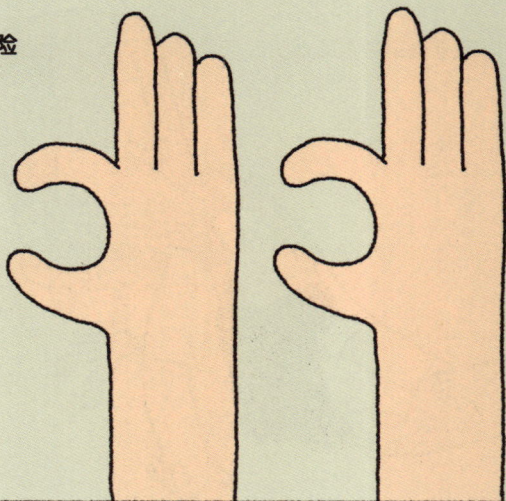

《双保险》

注：回"好滴"会显得太讨好，回两个"OK"更显重视。

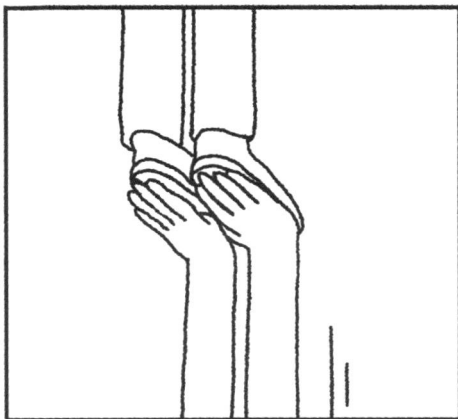

6

高效的向上管理

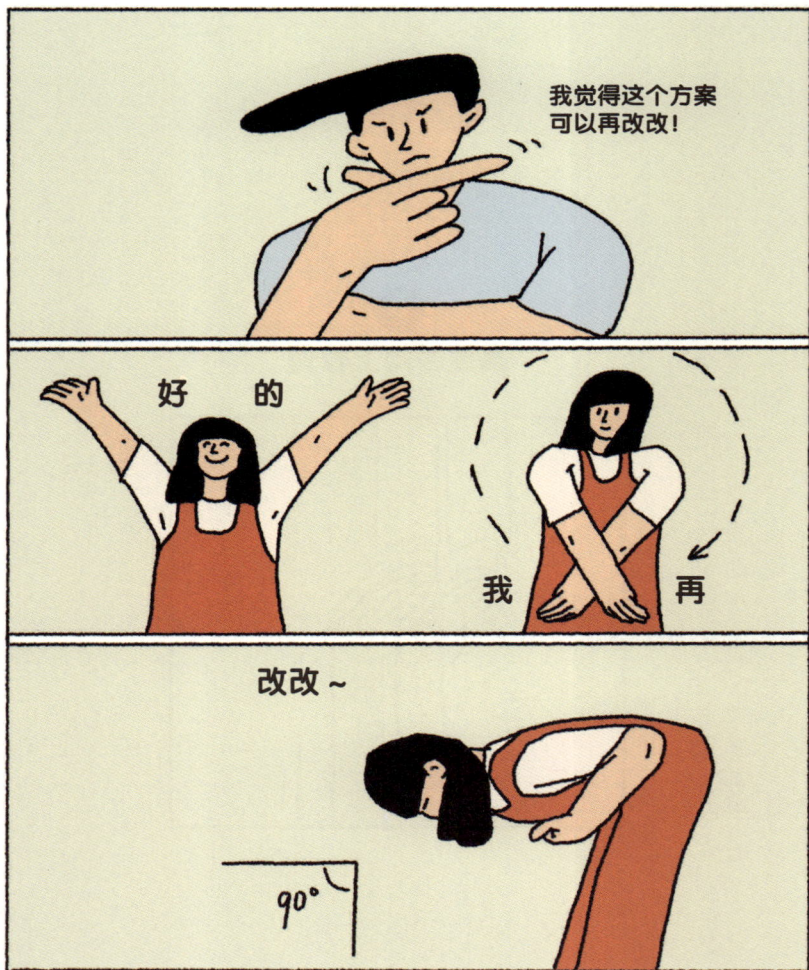

《我再改改》

注：对于老板的反馈，可以用动态演绎来强化对反馈的认同。

《给你看个东西》

注：有些不好意思对老板说的话，可以"托物言志"。

《礼仪到位》

注：对于请假的准许，鞠躬感谢一定要到位。

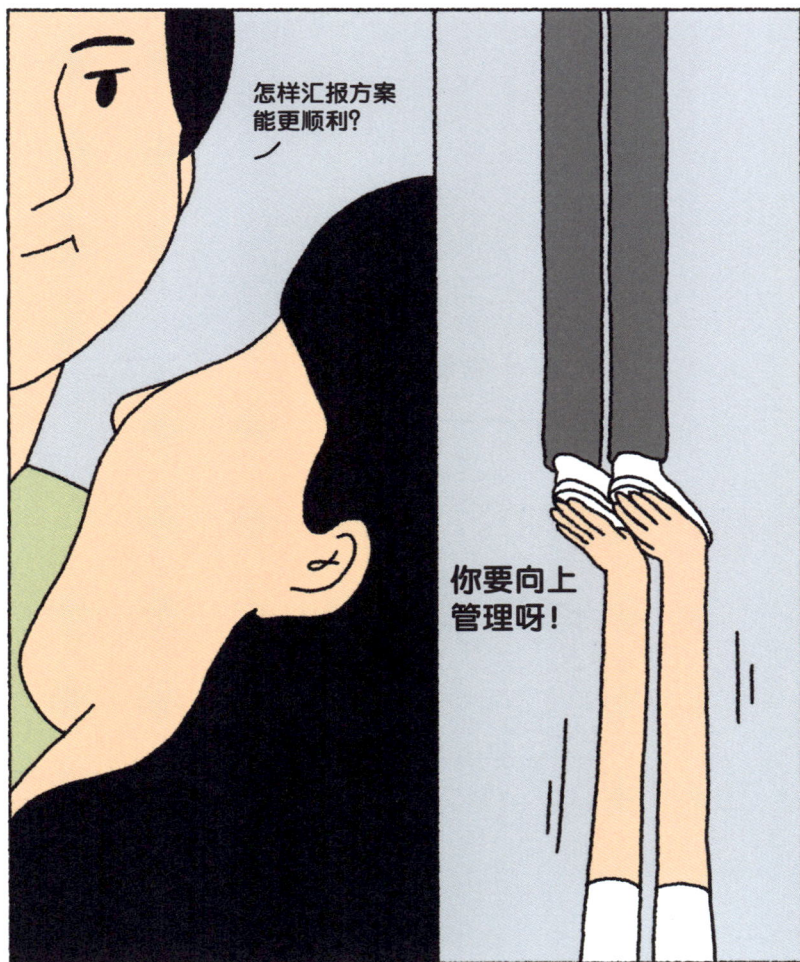

《向上管理》

注：方案要过硬，但也少不了向上的预期管理。

7

老板的面子

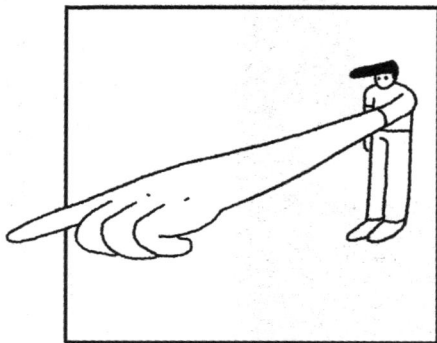

《老板的面子》

注：方案被质疑时，怨气可以私下发泄，职场人还是要保持体面。

《"落日男友"》

注：当下班的好心情被浇灭时，可诙谐自嘲以缓解内心伤痛。

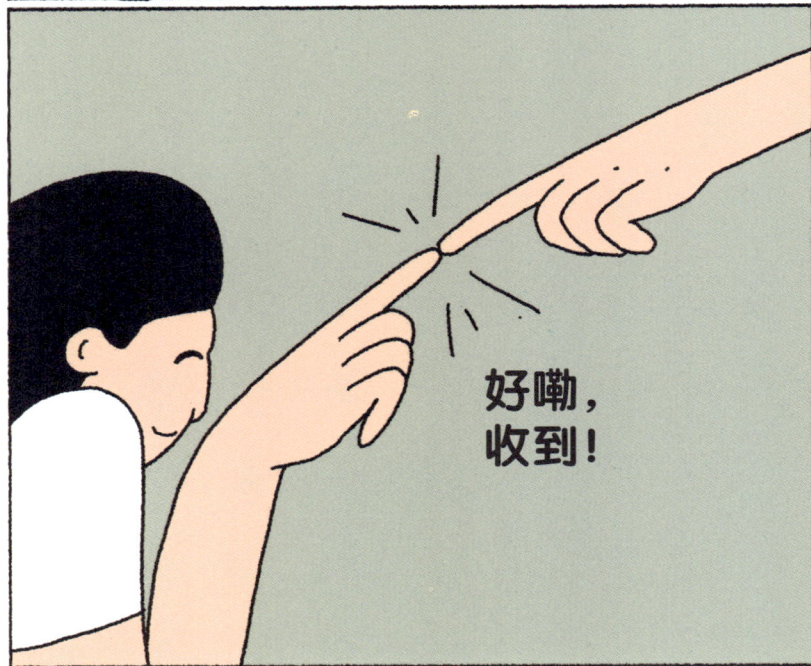

《收到》

注：学会用缓和气氛的言语和动作平息对方的情绪。

2.同事迷惑行为大赏

道高一尺，魔高一丈。
有福同享，有难同当。

① 应对"甩锅"之王

《大家的功劳》

注：同事之间要有福同享，有难同当。

《清者自清》

注：屏蔽力也是一种能力，争执只会使人愚蠢。

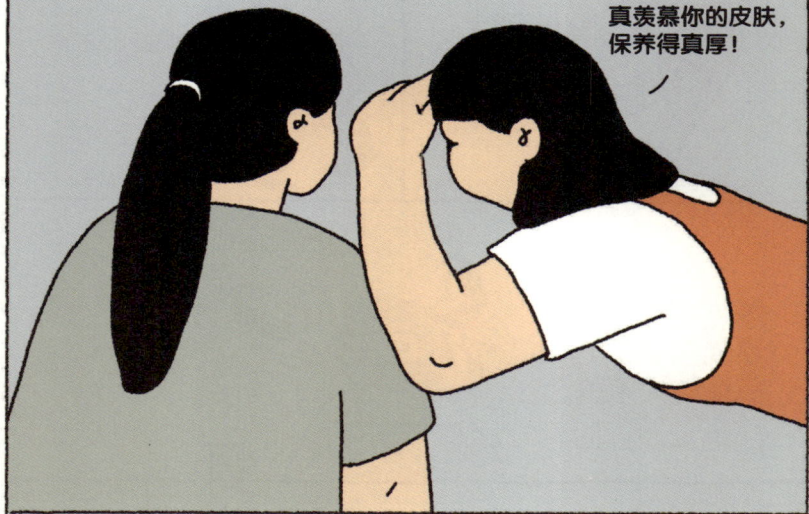

《保养》

注：如果有人推卸责任，尝试用明褒暗贬的方式令其哑口无言。

2

巧"撕"柠檬精[1]

1 柠檬精：字面意思是柠檬成精，常指喜欢嫉妒他人的人。

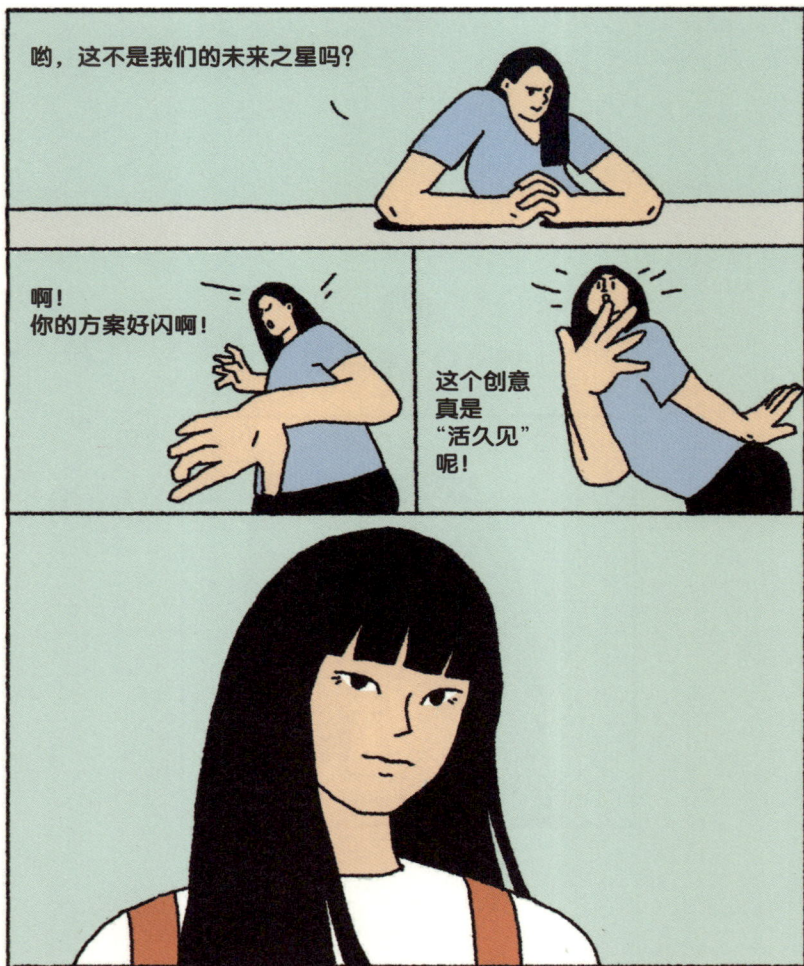

《眼神的力量》

注：被柠檬精"酸"时，安静看他作秀也是一种很好的解法。

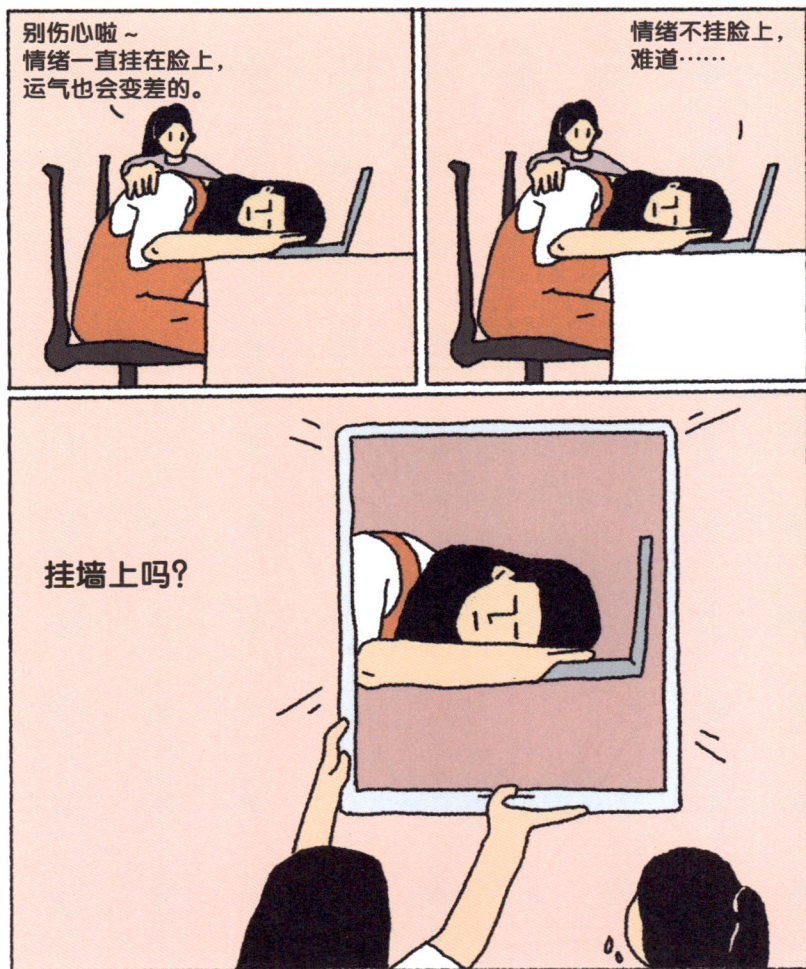

《挂哪儿呢？》
注：对待没眼力见儿的人，不必惯着。

请帮我拍一张
酷炫而有张力，
完美展示我大长腿
且视角独特的照片。

成片

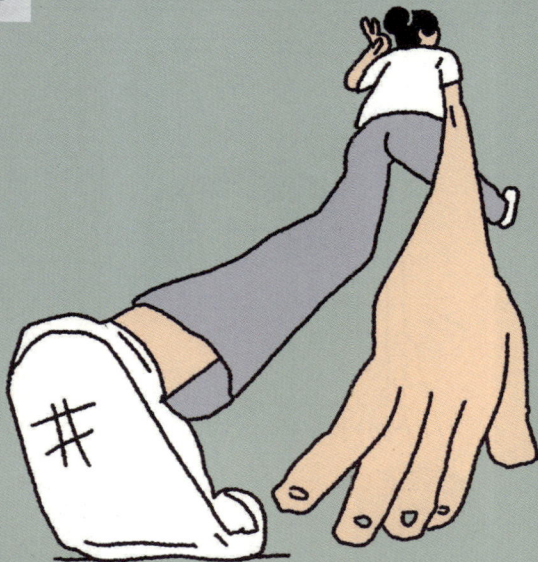

《帮忙拍照》

注：当遇到要求极高的帮拍请求时，可以尝试闭眼拍摄，随缘成片。

3

那些表演艺术家

《老铁》
注：当遇见职场"秀儿"，可见机鼓励。

《建议 +1》
注：面对总爱装模做样提建议的同事，千万不要谦让。

《云卷云舒》

注：戏多的同事，总想尽办法让人语塞。

《心平气和》

注：如果无法改变环境，那就改变自己心态，慢慢来。

4

应对尴尬之王

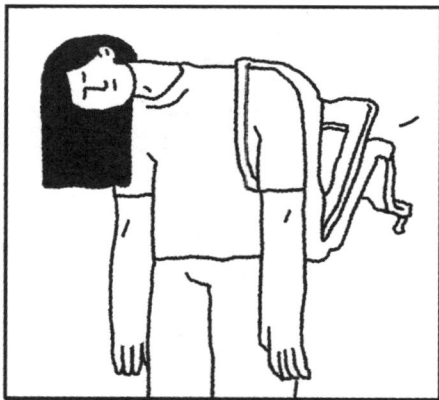

《人生旷野》

注：面对沉迷于抒情的白日幻想家，要善用现实的"铁锤"。

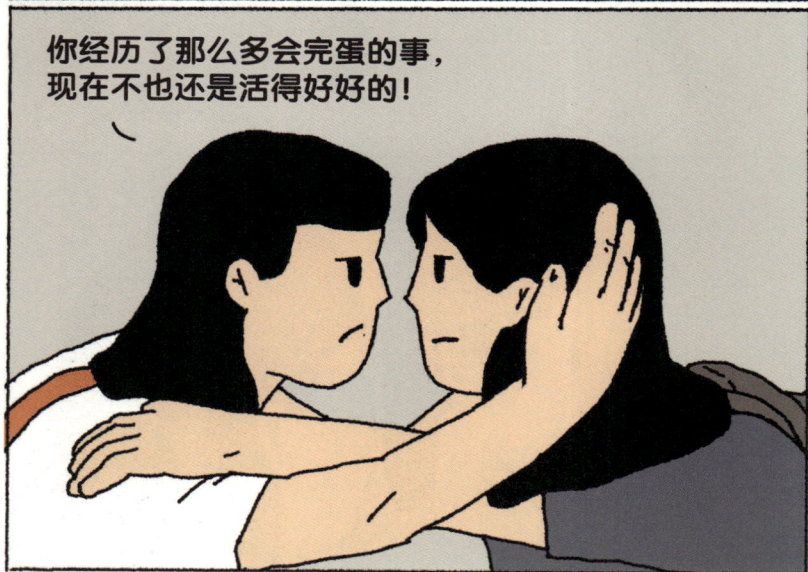

《持续性完蛋》

注：一直丢三落四的同事反复丢三落四，劝他习惯就好。

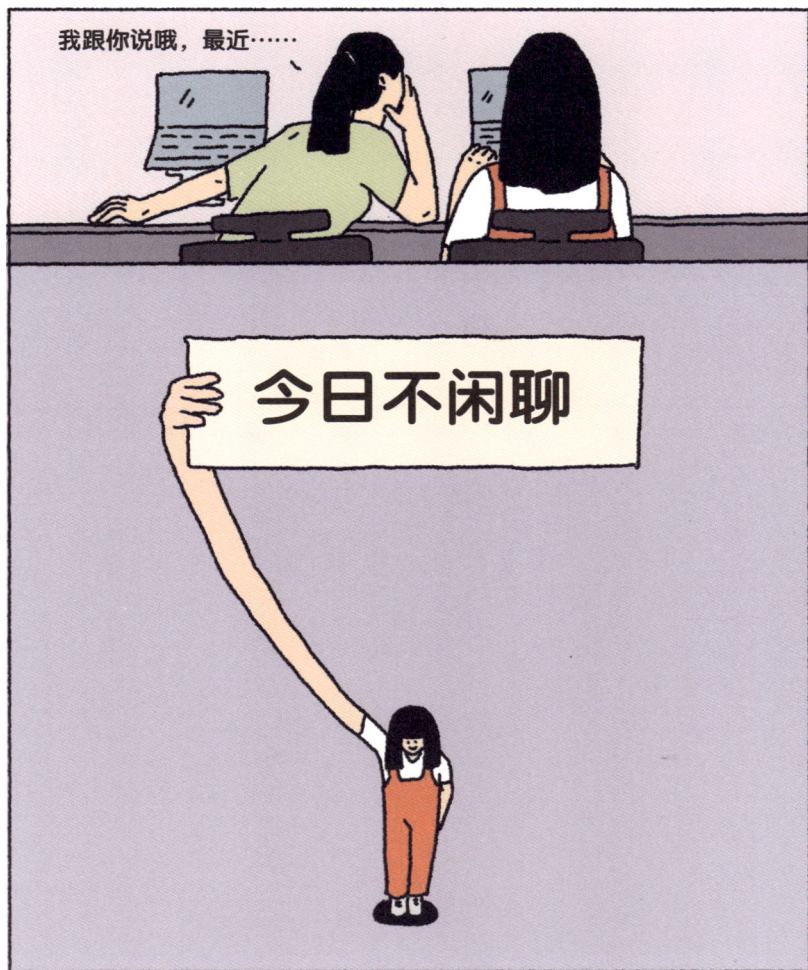

《打烊》

注：不想听无营养八卦时，你也可以暂不"营业"。

《放空自己》

注：烦闷的情绪无处宣泄时，可随机选择一个倒霉同事，向他倾诉。

5

那些同事间的亲密关系

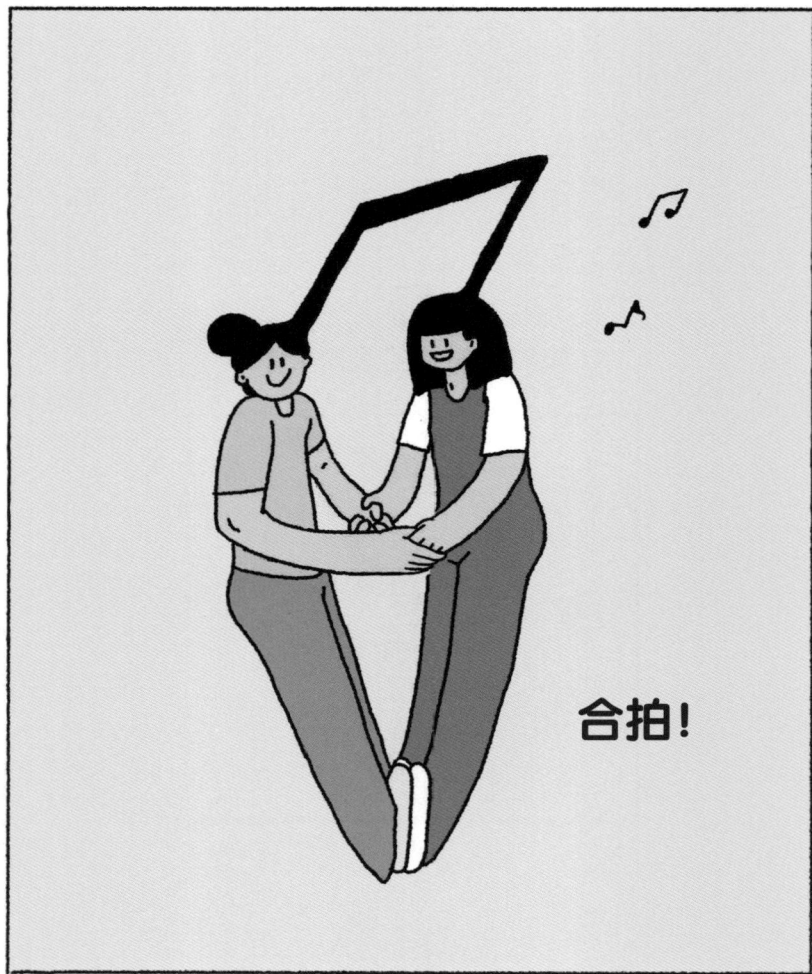

《合拍》

注：工作中一定要有合拍的姐妹，职场才不至于无趣单调。

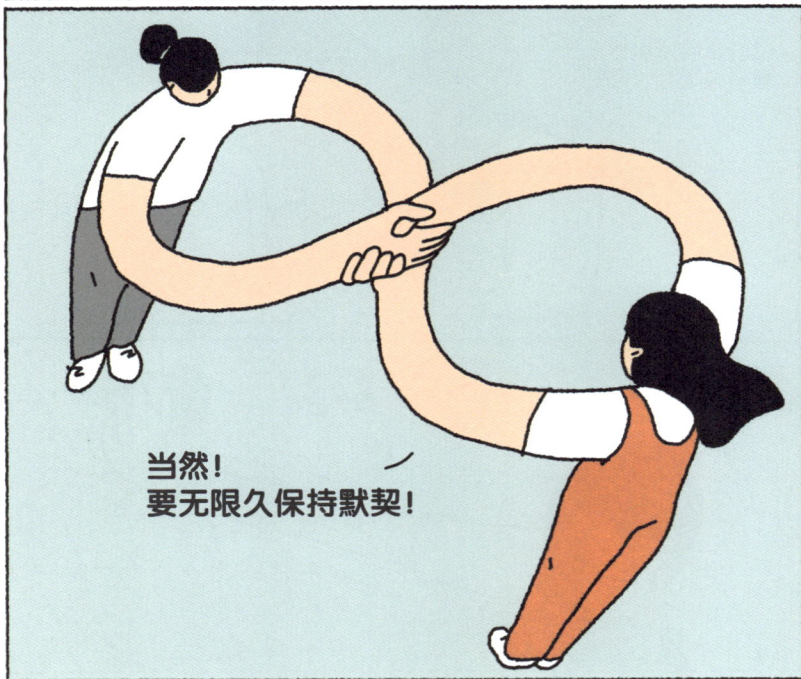

《无限久》

注：和有默契的同事合作非常难得，当然要无限久地协作进步。

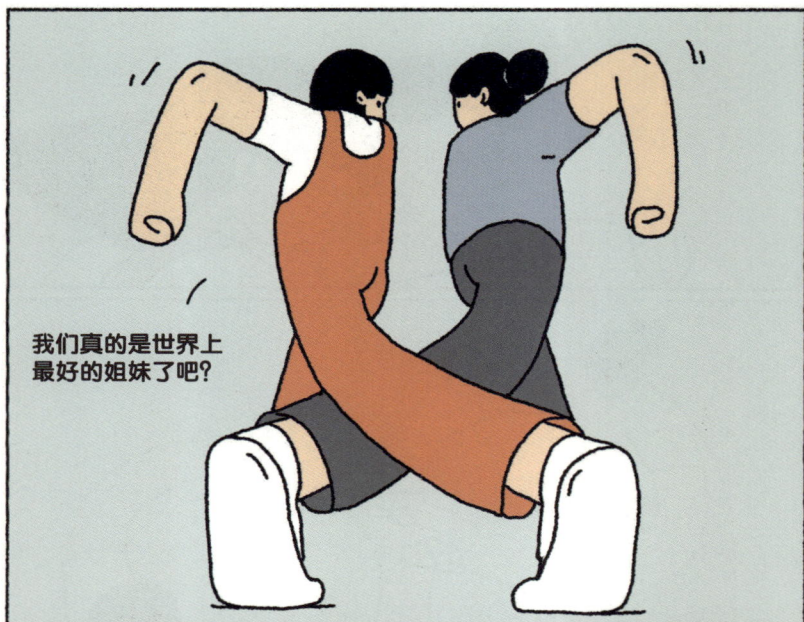

《亲密姐妹》

注：做姐妹时最亲密，做同事时离我远一点。

《仪式感》

注：美好的周五下班时刻，庆祝需要有仪式感！

6

潜台词识别大法

《"朕"的建议》

注：大多时候，建议不只是建议。

《来活咯》

注：一般看似多余的问候，都紧跟着明明白白的安排。

《勇敢说"不"！》

注：勇敢说"不"，是在职场保持独立的开始。

《接不了》

注：需求方的每一句"亲爱的"，背后都藏着一个大活。

7

论夸奖技能的上限

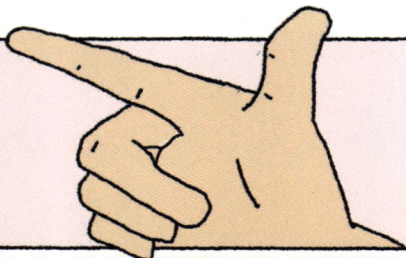

你

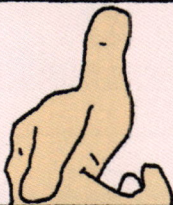

这

该死的

甜美！

《你真甜美》

注：看到同事今天精心打扮，先夸为敬准没错。

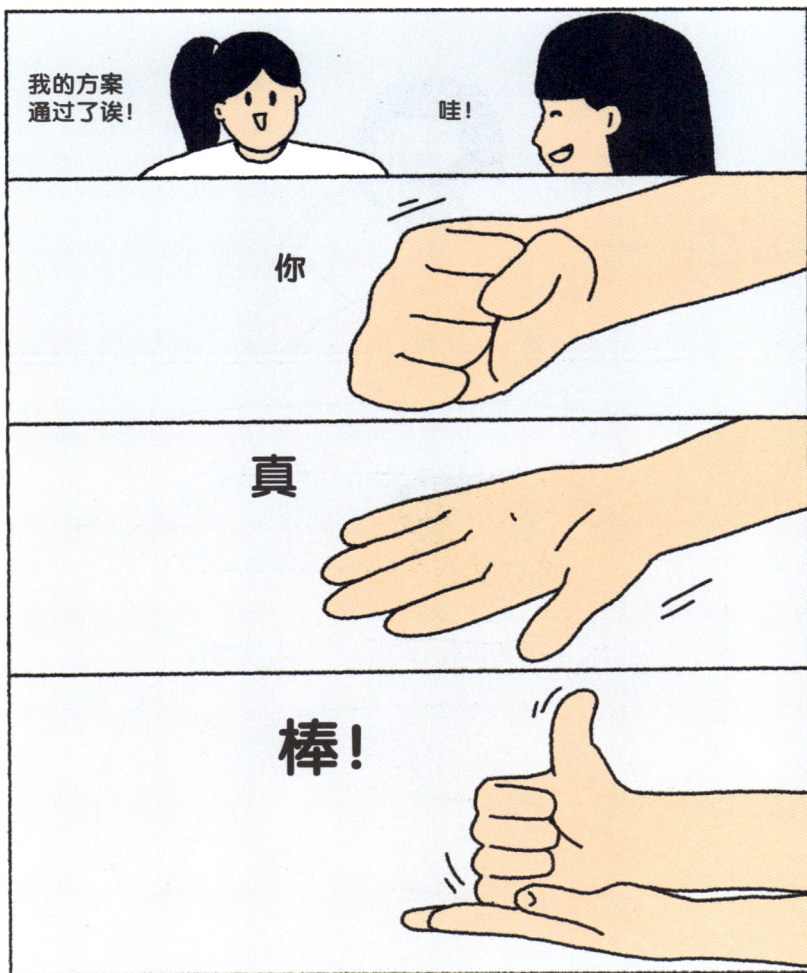

《真棒》

注：有时候言语的赞赏伴着肢体的表达，会让情绪更富感染力。

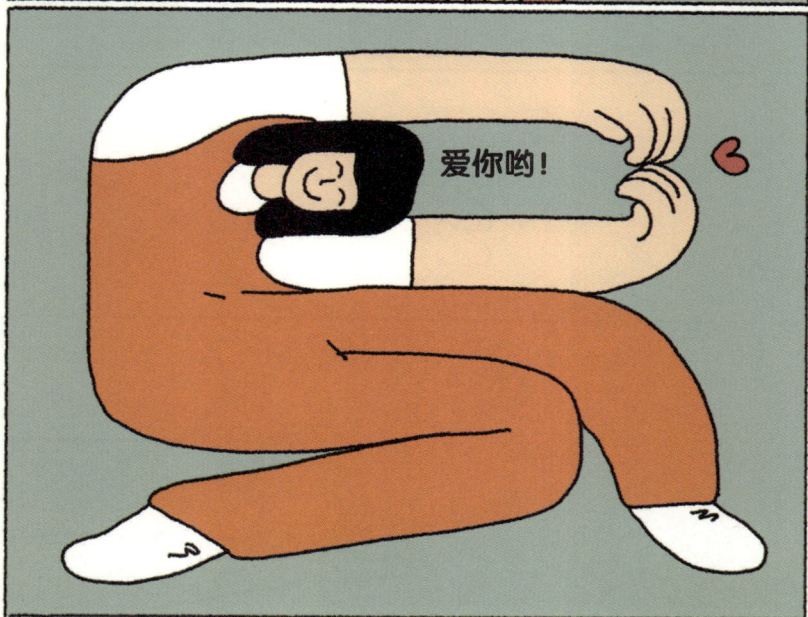

《爱你哟》

注：有求于人时，先表达爱意永远是正确的。

嘘……告诉你，
我给你带早餐咯~

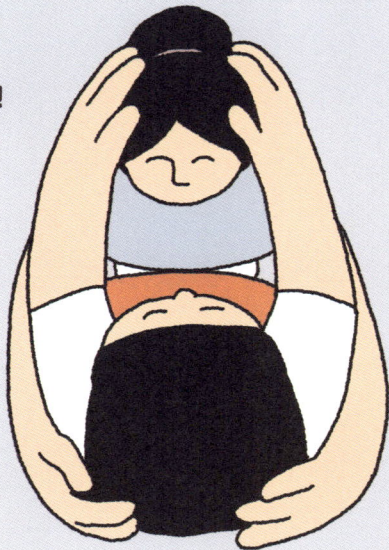

世界那么大，
都能认识你。
我觉得好幸运！

《好幸运》

注：夸赞的语言仿佛会让人心底炸开小烟花，所以不要吝啬你的赞美。

3.反内耗快乐打工学

发疯要趁早，打工没烦恼。
允许自己发疯，世界立刻灿烂。

①

打工人心态调整

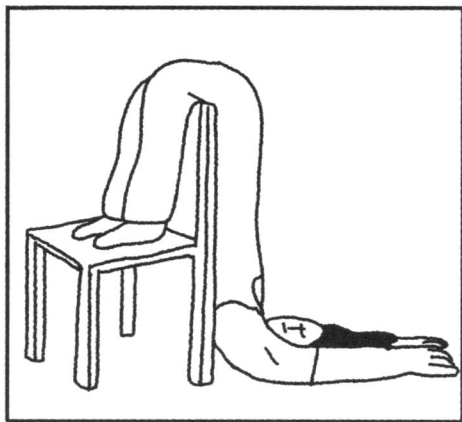

《还是要看运气》

注：适当使用废话文学能一定程度缓解对方的内耗。

老板：
这个方案
周末加急赶一下，
周一要定下来！

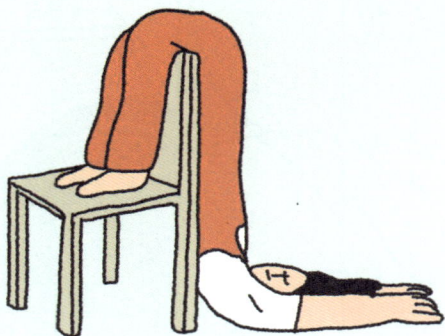

喜欢下班的人有福了，
因为周末也能享受下班了。

《自我安慰》

注：虽然周末遇到不可抗拒的需求，但周末的下班时间可以自行安排呀。

《论周一到周五的心态变化》

注：在有些人眼里，周五才是一周的开始，所以周一到周四的情绪低落情有可原。

《牢记在心》

注：人在职场，要学会宽慰自己。

❷
上班与下班

《双面人》

注：上班丑关我下班什么事！

《就近取餐》

注：上班总会有嘴馋的时候，看看哪位同事桌上有零食是最高效的解馋方式。

《张弛有度》

注：上班不必时刻高度紧绷，保持从容才能更好厘清头绪。

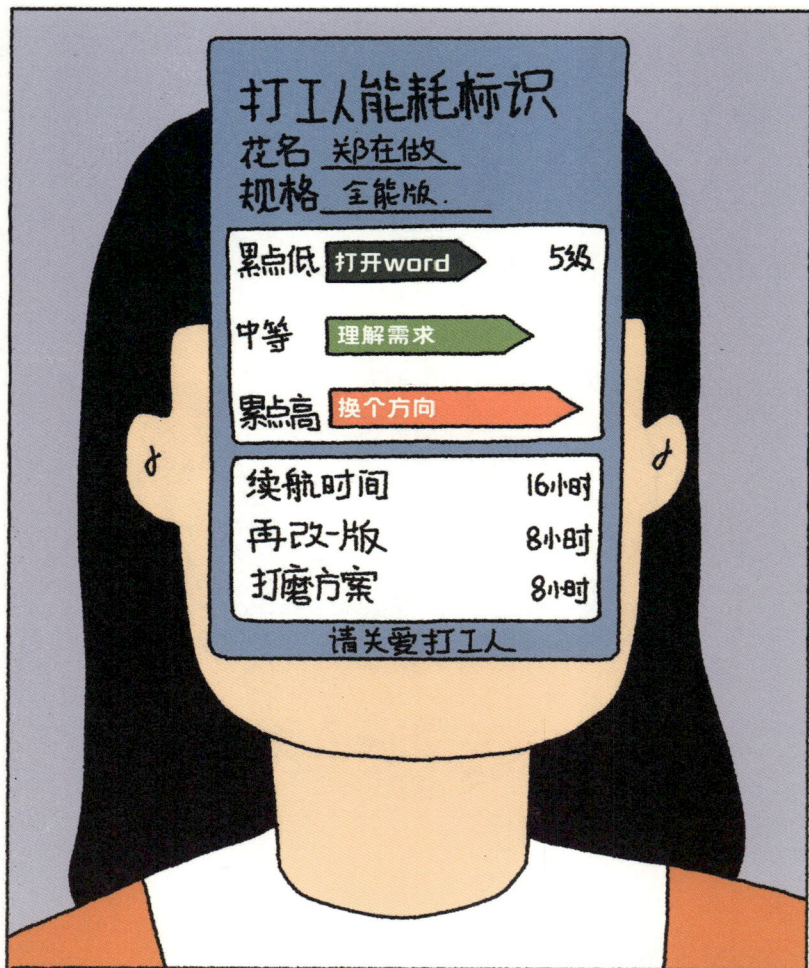

《打工人能耗》

注：请时刻与合作方保持"最低累点"的工作沟通。

3

工作不顺利这件小事

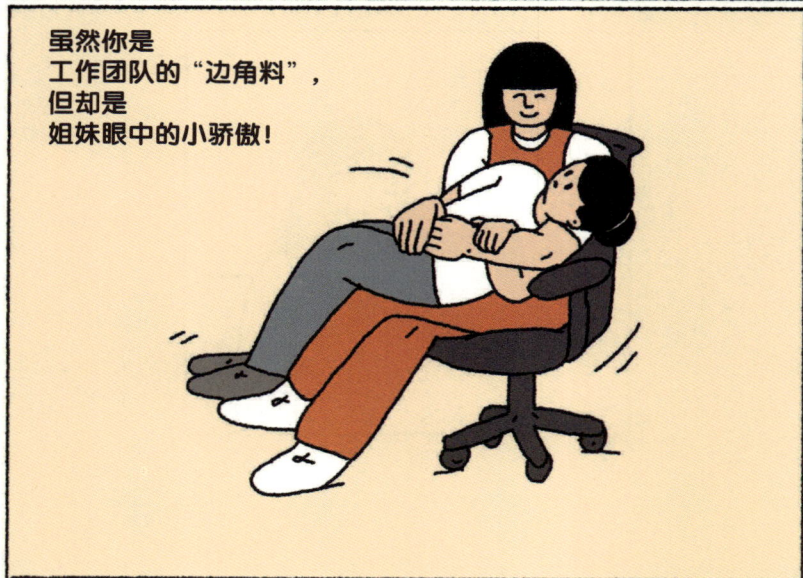

《小骄傲》

注：姐妹是你职场受挫时的港湾。

《睡眠疗法》
注：工作中有不如意时不必久久内耗，回去洗个澡，睡一觉，其实没什么大不了。

《不必上头》

注：不要和自己较劲，不要因为过去的事而影响现在的心情。

《江郎才尽》

注：实在想不出好的方案，要学会找同事一起头脑风暴一下。

4

凡事看淡，来日方长

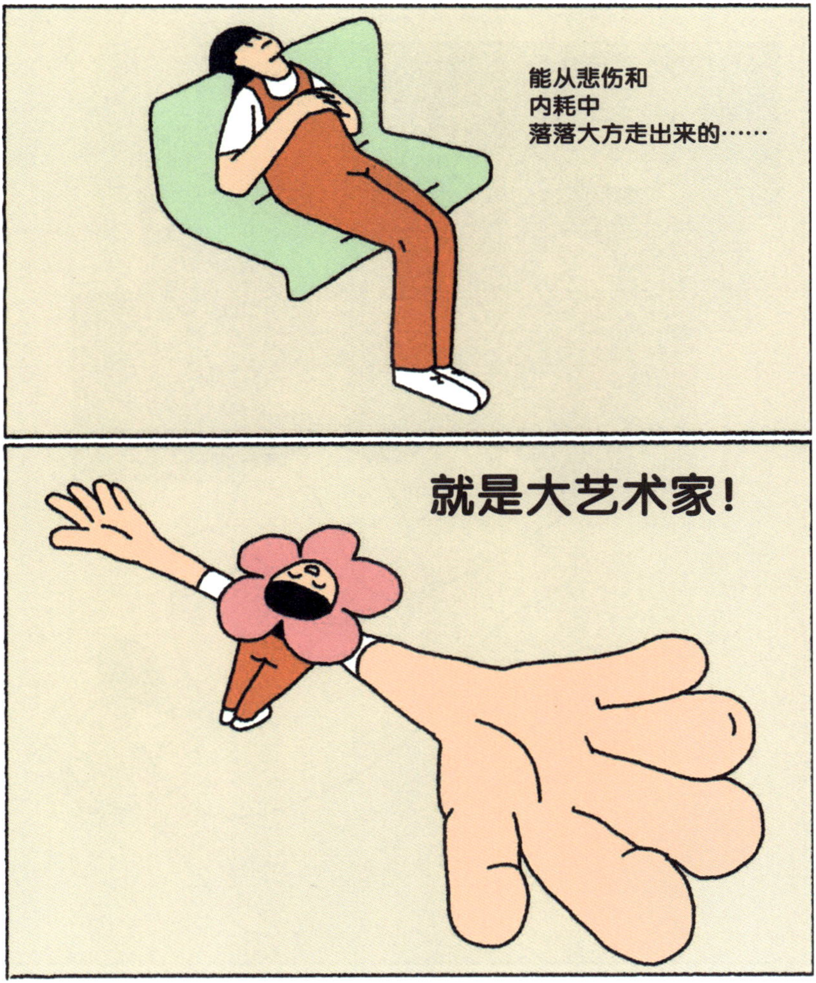

能从悲伤和
内耗中
落落大方走出来的……

就是大艺术家！

《大艺术家》

注：时刻拯救自己的情绪于水火，也是一个大艺术家呢！

《不慌》

注：遇事不慌，慌也没用，一切问题都是小问题，职场上拼的就是心态。

《平替巴厘岛》

注：是巴厘岛还是工位，全看自己的心态。

想象中的我：
**天选职场人，
过关斩将。**

实际的我：
**将头发梳成
大人模样。**

《想象与实际》

注：人越长大越能认清真相，所以不管什么时候，自洽就好啦。

❺
时间观念

《预备，冲！》

注：上班时间观念要强，下班时间观念也要强。

《无声的宣言》

注：“今晚有约”是原则，真正的反抗不是大吵大闹！

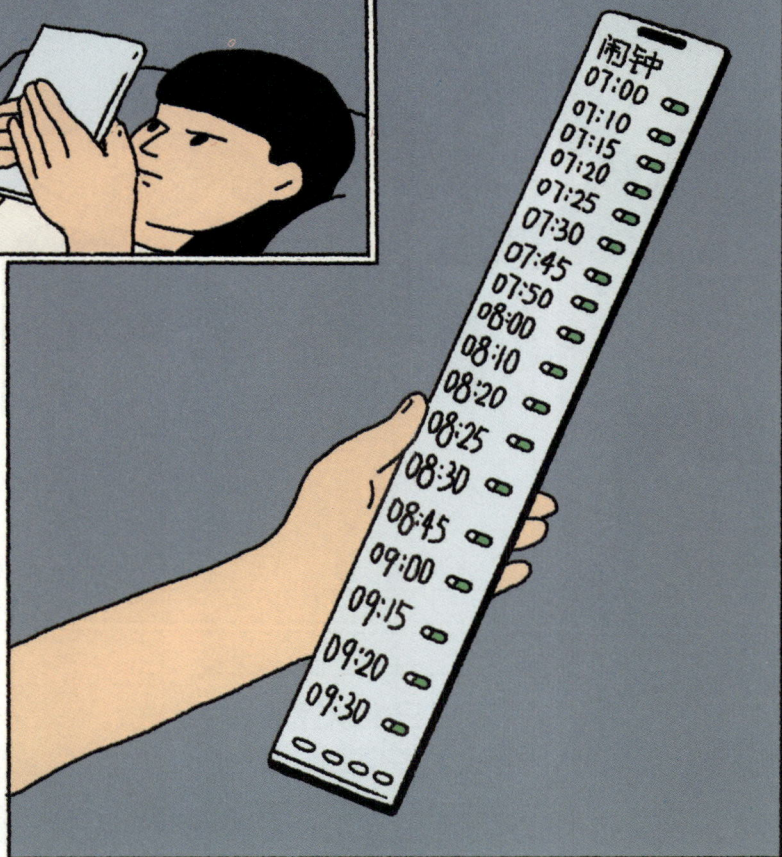

《以防万一》

注：睡眠质量过好的人，记得上多重重重重重保险。

《假期是良药》

注：如果感觉扛不住了，想想离假期"充电"的日子又近了一天就好过了。

6

打工人没必要太正常

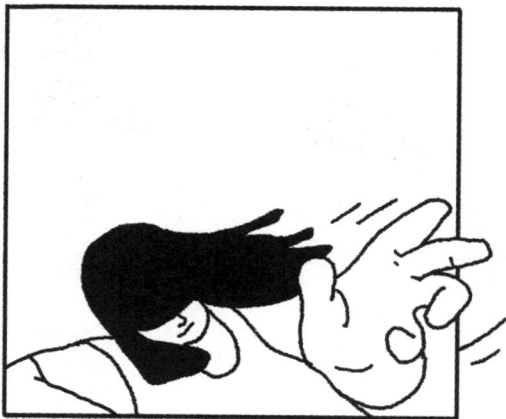

《龙威虎胆》

注：上班小心翼翼，下班当然要起飞。

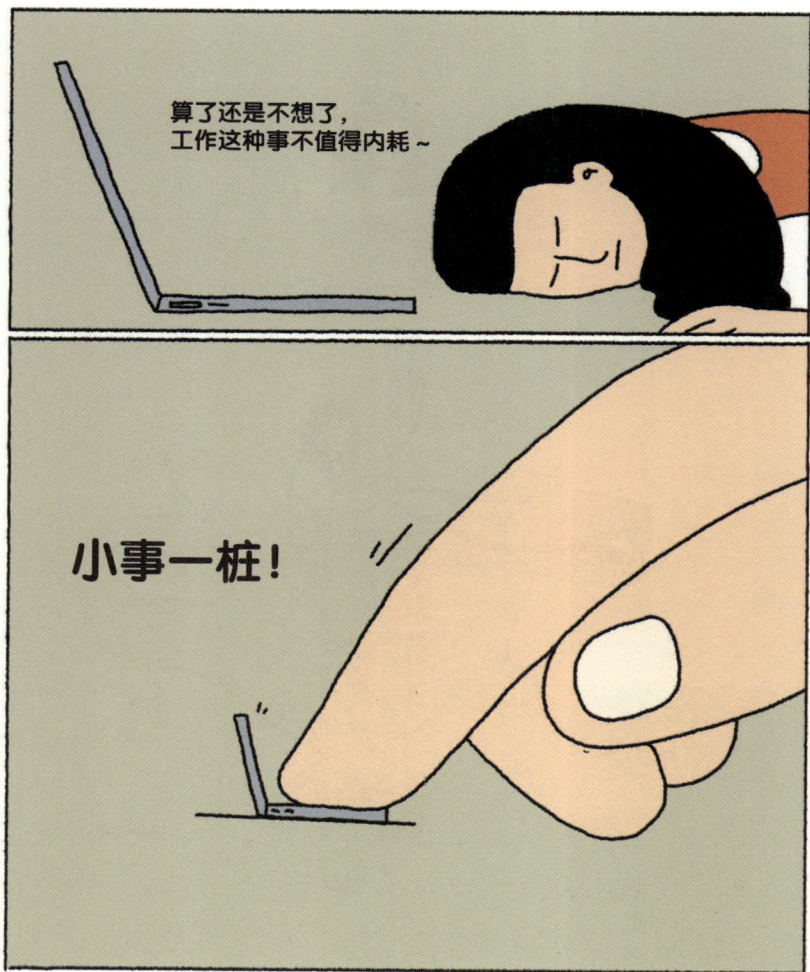

《都是小事》

注：工作难免陷入纠结内耗中，想想这些都会过去的，都是小事。

拿来吧你！

看你每天都笑哈哈，
借一点你的快乐，
不介意吧～

《借一点你的快乐》

注：如果工作让你不开心，那就多和开朗积极的人待在一起。

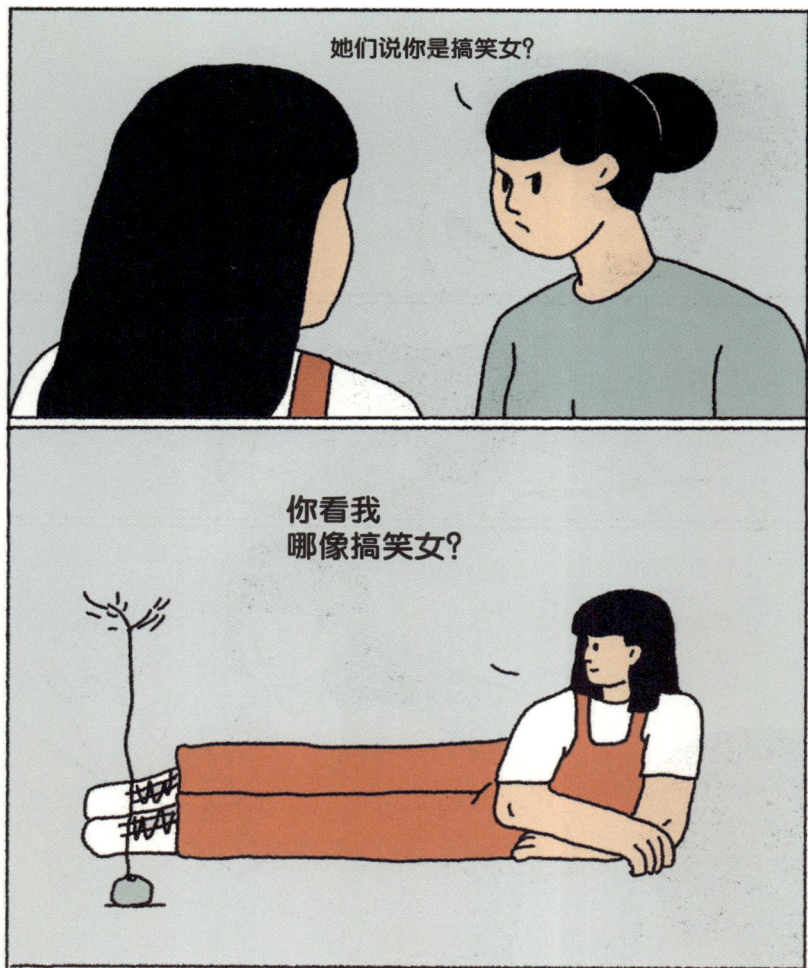

《实力证明》

注：搞自己的笑，让别人说去吧！

7

今天又是开心的一天

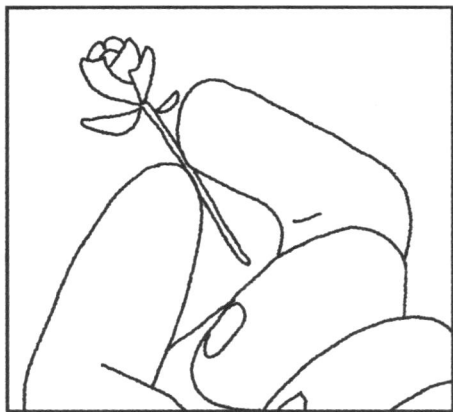

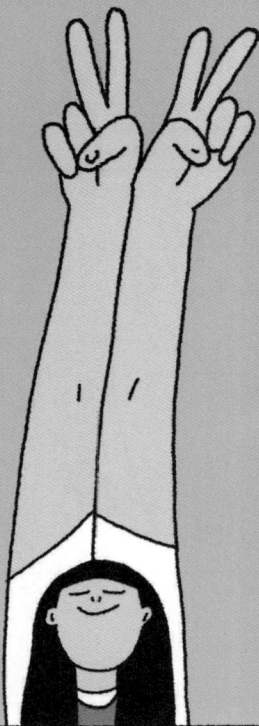

《开心的一天》

注：请享受每个充实工作又能准点下班的日子吧！

尽管
我没有成为别人眼中
的成功人士

但这也并不影响我
吃吃喝喝呀！

《随遇而安》

注：善于发现自己的优势，本身就是一种优势。

《感谢自己》

注：即使没有取得预期的成果，也请记得时刻取悦自己。

《来一个拥抱》

注：走不出失落的情绪时，学会拥抱自己，事情总会顺利的。

4."卷心菜" VS "咸鱼"

"卷心菜"很累，"咸鱼"很穷。
不会调节，就会又累又穷。

1

工作汇报的艺术

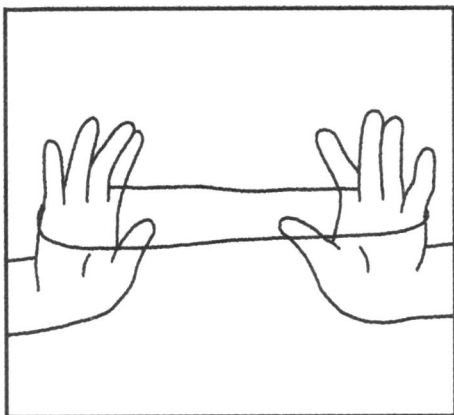

老板：大家简单准备一下近期工作汇报。

一级卷
终极专业黑话

二级卷
探索未来边界

三级卷
创造人类需求

我
直白书写小 Word
简简单单才是真~

《简简单单》

注：当大家在汇报上激烈竞争时，简简单单才是真。

我的汇报方案
简单编织编织

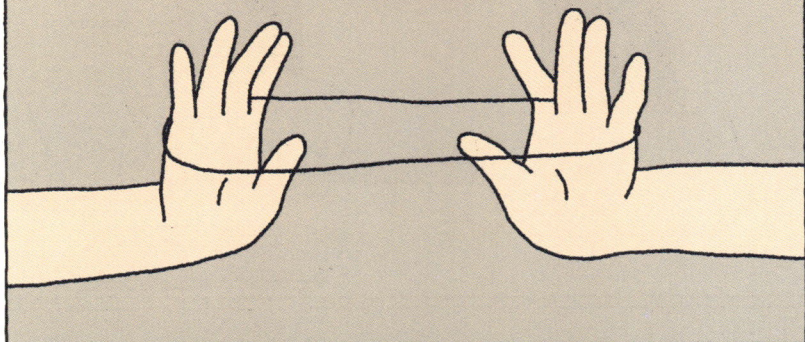

别人的汇报方案
简单编织编织

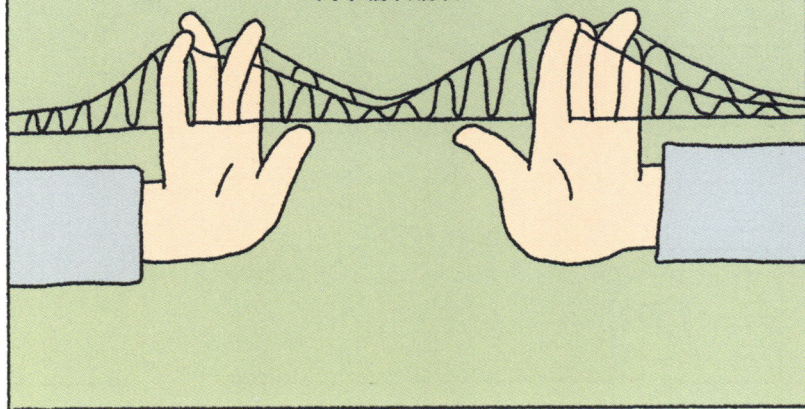

《编织方案》

注：不要相信别人所谓的"简单弄弄"，自己尽力了才算可以呀。

《"简单"总结》

注：时刻注意，在焦虑的人群中，最安静的人最是深不可测。

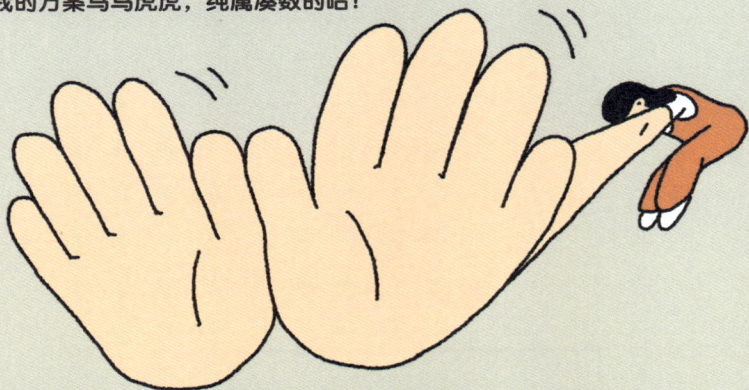

《惊艳所有人》

注：低调努力，谦虚表达永远是职场人走得长远的生存之道。

2

职场中各有千秋

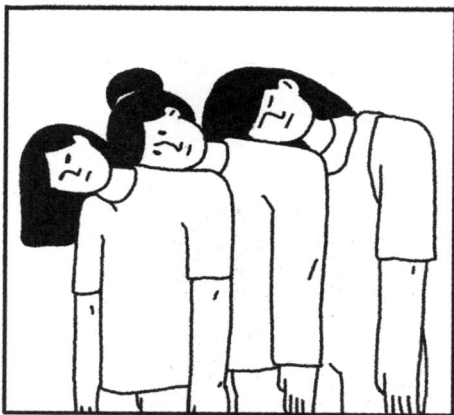

《英文名大赏》

注：英文名怎么好记怎么取，自带幽默趣味更佳。

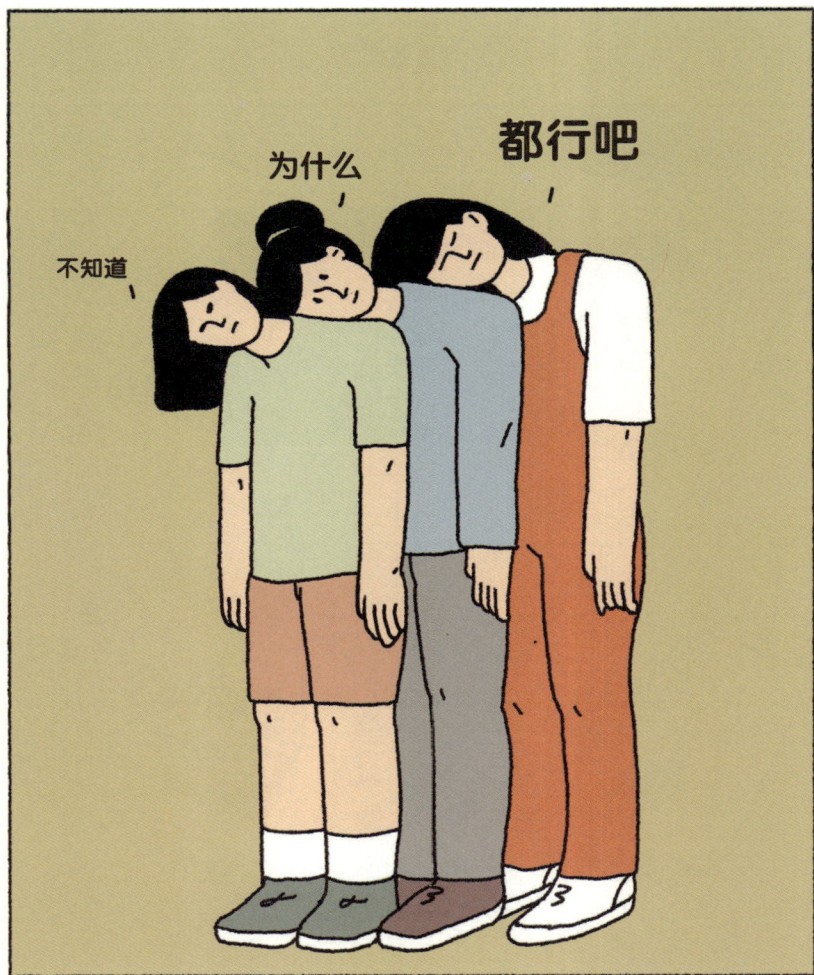

《三人行》

注：三人行必有我师，精通"三字经"不内耗，活出好心态。

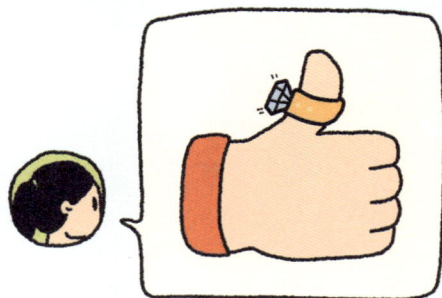

《点赞这门技术活》

注：点赞是门技术活，永远是后发的更有力道，请牢记点赞先后顺序。

3

从小构图到大格局

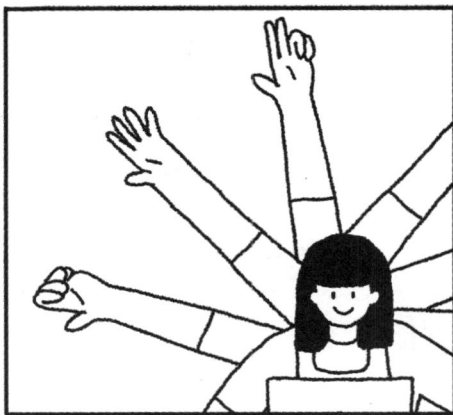

《大格局》

注：眼光放高，才能跳出底层的互踩。

我们未来的目标
要有大格局～

好的！
年度目标：改变全球商业格局！

《未来的目标》

注：以假大空回应假大空。

《一把抓》

注：啥都干，请问工资是否能拿多份？

4

抽象中的奋进

《受害者》

注：应对暗自较劲，最有效的方式就是小心提防。

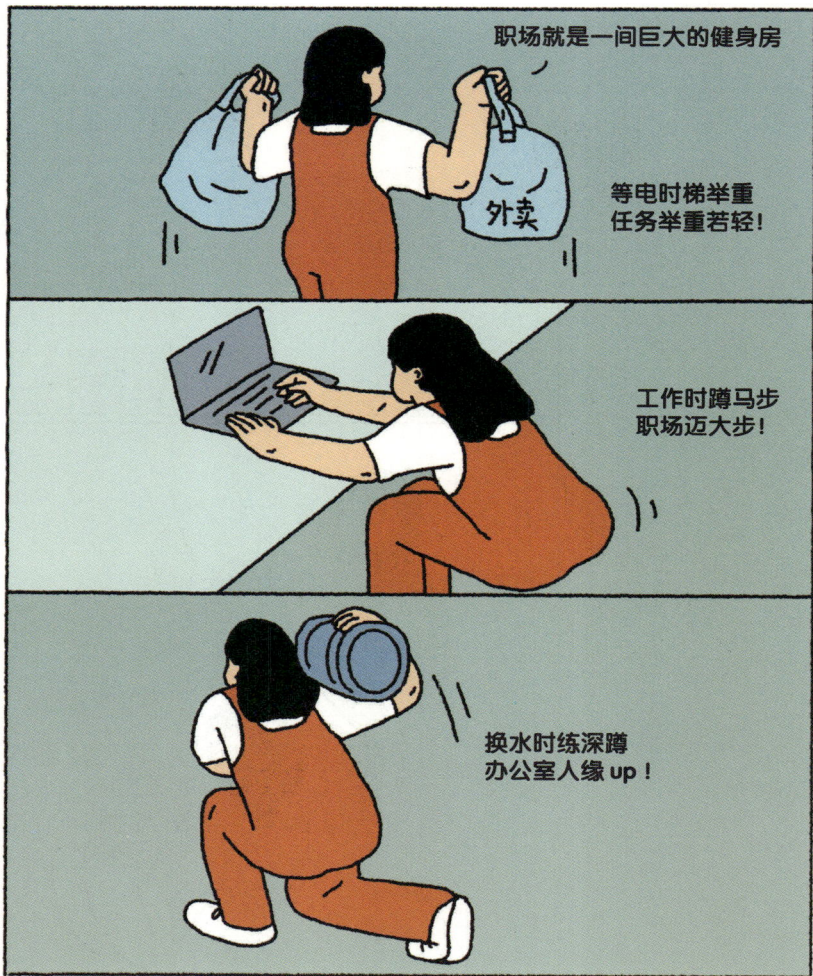

《无处不练》

注：如果下定决心做一件事，就总能找到达成的方法，比如健身。

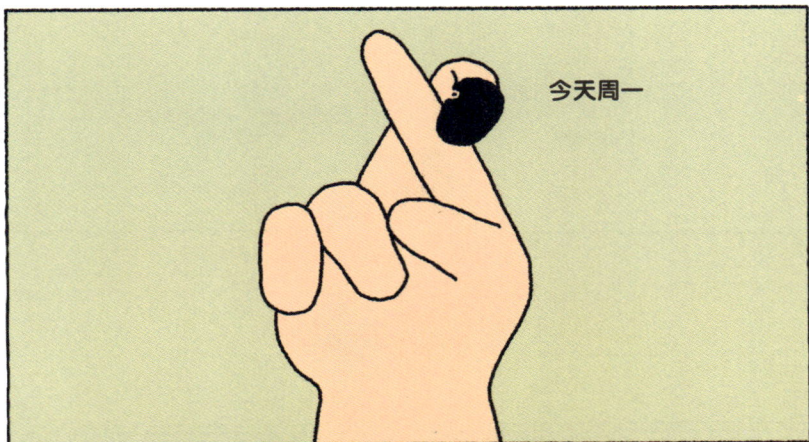

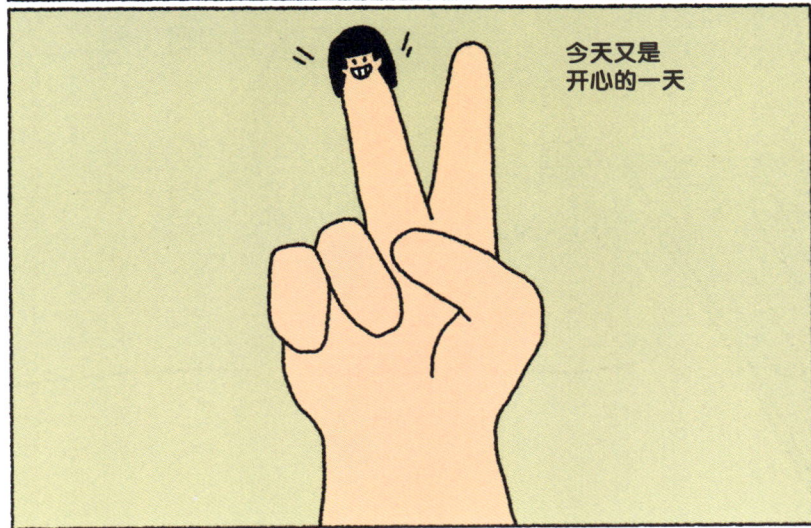

今天周一

今天又是
开心的一天

《周一》

注：在一周工作的开始，要学会积极暗示，这样周一就会过得很快哦。

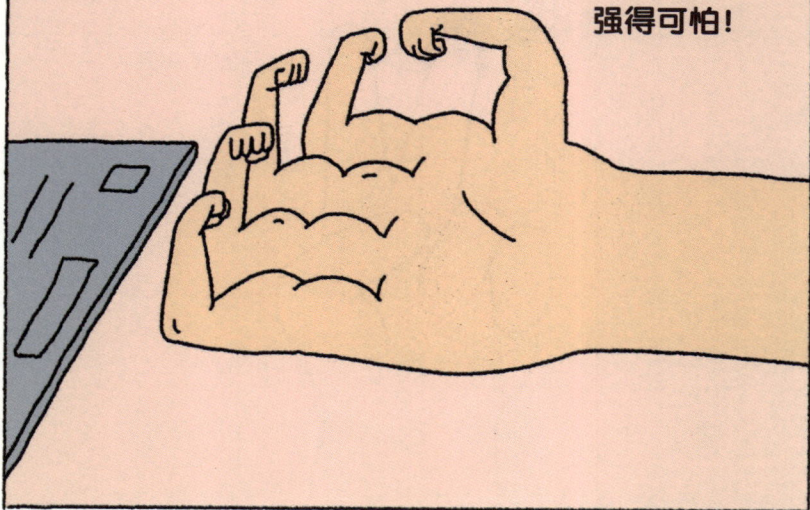

《灵感来啦》

注：要时刻保持自信，最独特的你有独特的力量！

5

职场工作效率

《闭上小嘴巴》

注：应用于被反复催促等场景。

《山外有山》

注：永远不要跟别人抱怨下班晚，因为总有人会更晚。

《创意和睡意》
注：如果实在没有好创意，不妨找个地方趴一会儿，放松后也许会有新灵感。

6

经济型办公

我的办公桌

别人的办公桌

《各有各的想法》

注：可以比思想，没必要比装备。

《好习惯的重要性》

注：好习惯除了对身体好，还省钱呀！

《争分夺秒》

注：珍惜享受美食的每一秒。

7

职场中的胜负心

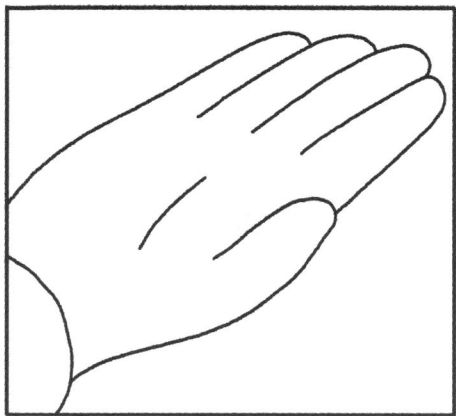

我：随便看看书

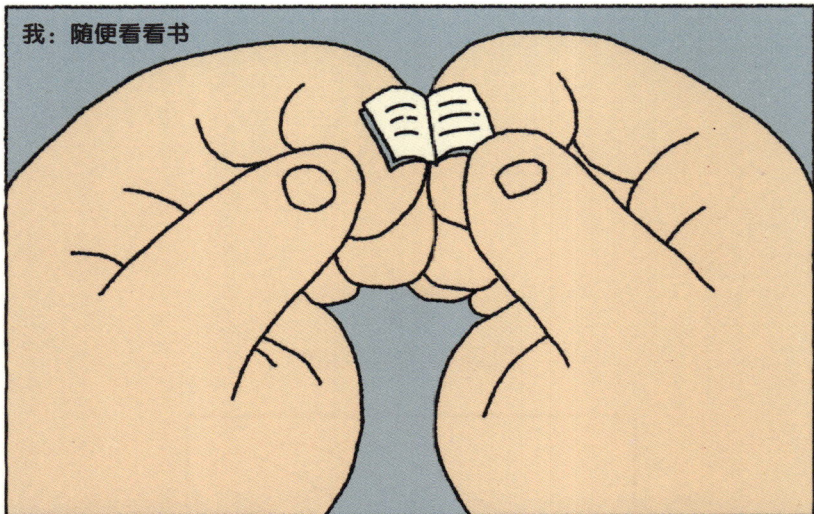

别人：随便看看书

《随便看看》
注：浓缩的才是精华。

个性签名大赏

礼貌型

同事 A

事情多，看到会回复，感谢！

愤怒型

同事 B

沟通记得带脑子！

抽象型

同事 C

去太空了，回来给你带外星人。

随缘型

我

遇到就是缘分。

《个性签名比拼》

注：随缘的人亲切友好，但不一定回消息。

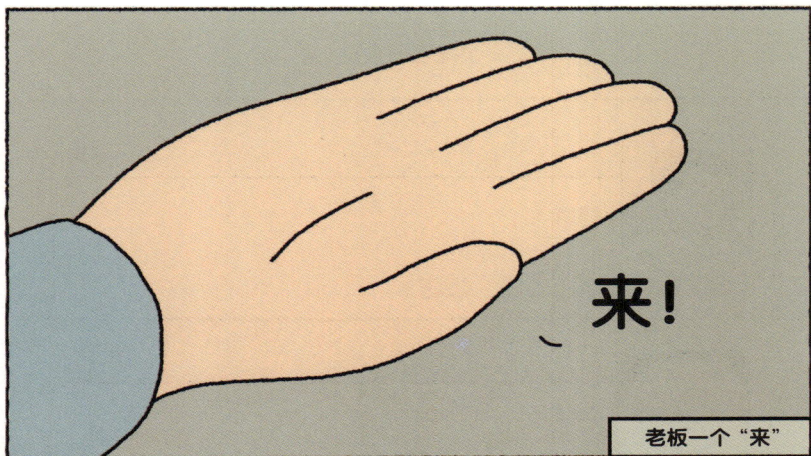

《来！》

注：对于工作需求的响应，要有前瞻性自觉。

5.那些团建小秘密

如果给我批假，
上班的风，都是甜的。

1

修行日记

《避"显"指南》

注：请尽量让出空间供"显眼包"发挥。

《打卡时效》

注：拍照夺头彩，照片要首发，因为后面有很多同款。

《充电》

注：旅行的意义在于学会给自己充电。

《理想的假期》

注：旅行的原则就是，再难也要保证出片。

2

旅行的意义

《来过》

注：出来玩，委屈自己可以，可不能委屈了朋友圈！

《默契》

注：旅行当然是为了开心，请尽情释放每一刻达成共识的喜悦。

咱们团建拍个照吧，摆个艺术点的造型。

致敬亨利·马蒂斯《舞蹈》

《团建照》
注：储备一些多人合照姿势，总会派上用场。

第一天

第二天

第三天

《梦里有大好河山》

注：如果在旅途中发现昏睡的同学，记得换种方式呼唤他。

3

团建的预期管理

《稳稳拿捏》

注：一物降一物，遇到挑剔的人可以用老板压制。

《认清现实》

注：出来混总是要还的。

《冲与废》

注：错误预估实力容易导致烂尾。

4

出行搭子的重要性

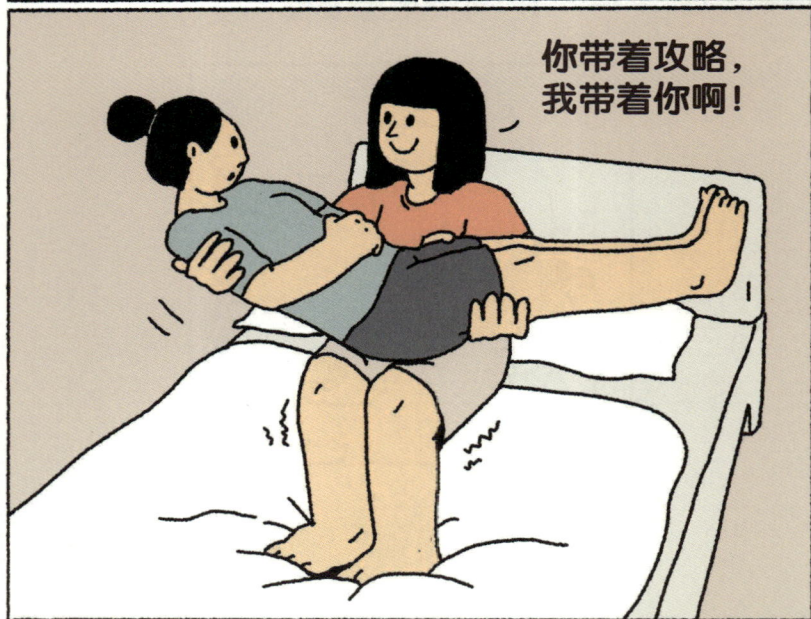

《带上行走的攻略》

注：如果不擅长做攻略，请紧跟会做攻略的人。

《小酌一杯》

注：要少喝酒或者不喝酒，除非与最好的同事出行。

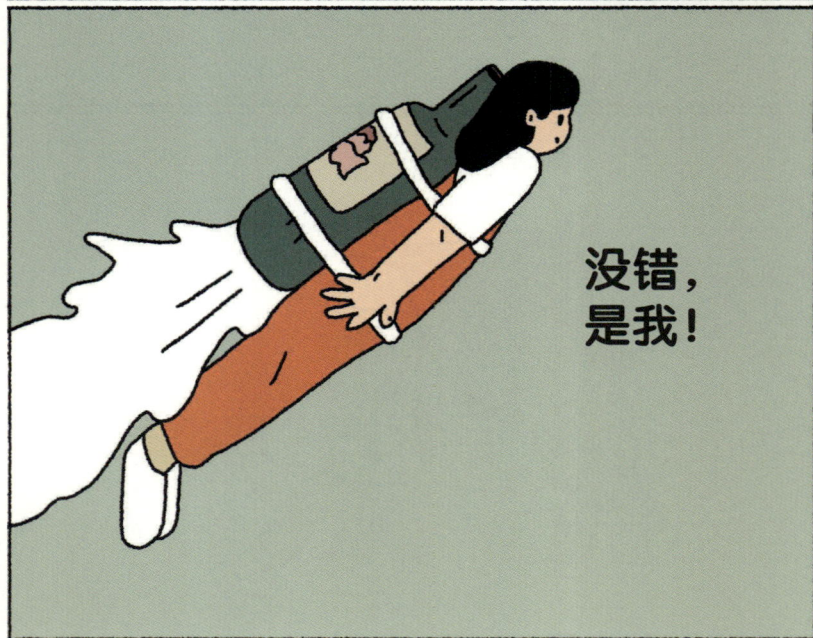

《真诚》

注：和好朋友聚会，坦诚才能更尽兴。

5

旅行中的离谱事

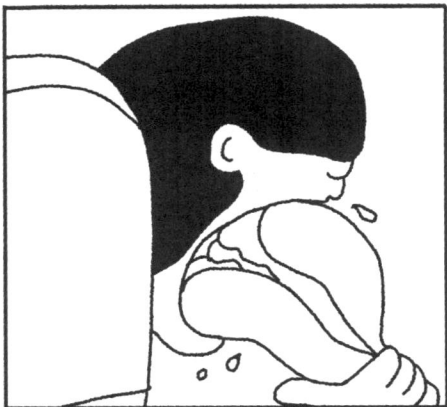

《痛并快乐着》

注：海边聊需求、雪山顶上改方案、非洲大草原上开电话会议，旅行路上且行且珍惜。

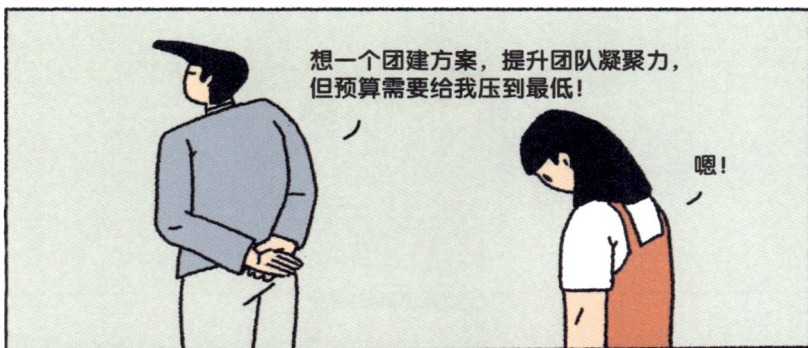

《低成本团建》

注：团建就要开开心心，特别是需要让老板知道大家在一起玩得很开心。

早晨

最近出来玩，
我要少吃，
控制一下自己。

1小时后

有些饿了，
我稍微补充一点儿能量。

《"少吃"一点》

注：学会控制饮食，如果实在很饿，那就"少吃"一点。

6

论摄影审美在团队中的必要性

《摄影王者》

注：摄影技术出类拔萃的人在团建旅行中将如帝王般尊贵。

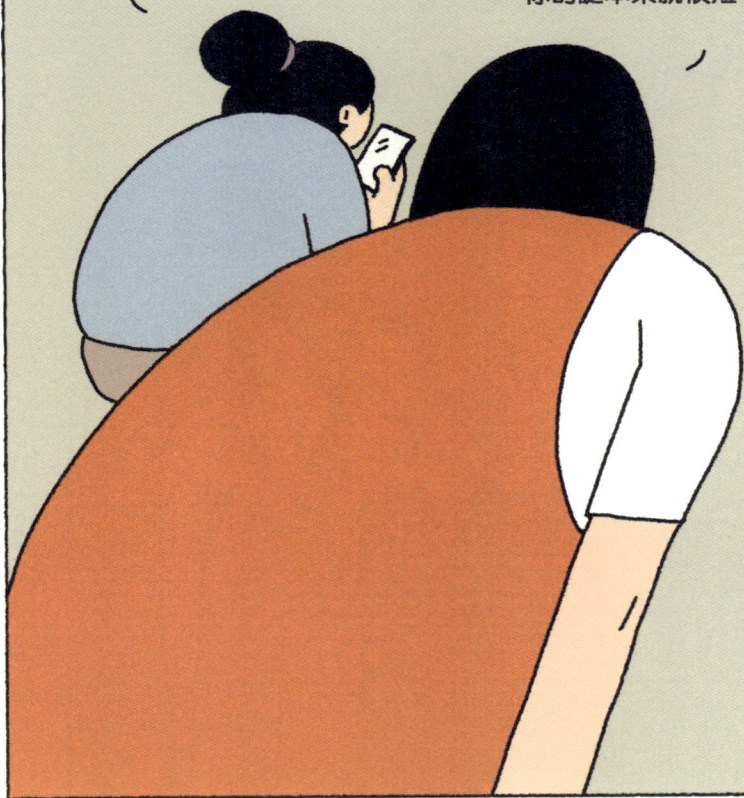

《摄影软实力》

注：合理回应，是摄影师的必备技能。

《量身打造》

注：给人拍照不仅需要拍摄技巧，还需要有会夸人的软实力。

7

旅行体力的最佳用法

《出片是正经事》

注：合理利用自己的旅行体力，争取不当拖油瓶。

找一块平坦的
草地

荒野上的风
听听就觉得自由！

《去没有天花板的地方》

注：在路途中感受微风、感受草地、感受陌生环境带给自己的触动。

如果在旅途中
实在逛不动了，
可以实施：

随地大小累！

《随意》

注：人与人的精力并不相同，所以旅途中体力不支时不必勉强自己。

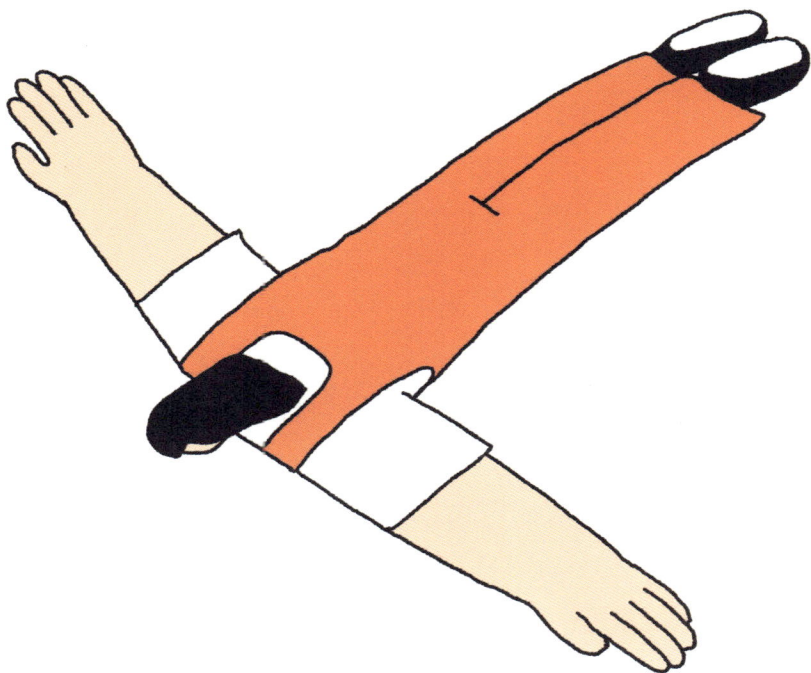